CATALOGUE

DES

LIVRES

ANCIENS & MODERNES

COMPOSANT

LA BIBLIOTHÈQUE

DE

Madame Léonide Leblanc

DONT LA VENTE AURA LIEU

Par suite de son décès

EN VERTU D'ORDONNANCE ENREGISTRÉE

HOTEL DROUOT, SALLE N° 5

Le Jeudi 26 Avril 1894

à 2 heures très précises

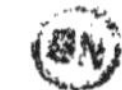

COMMISSAIRES-PRISEURS

Me LÉON TUAL	Me DUCHESNE	Me BOUDIN
56, rue de la Victoire, 56	6, rue de Hanovre, 6	14, rue Grange-Batelière, 14

Assistés de **M. JEAN FONTAINE**, libraire

30, boulevard Haussmann, 30

CONDITIONS DE LA VENTE

La vente se fait au comptant.

Les Acquéreurs paieront CINQ POUR CENT, en sus des en-
chères, applicables aux frais.

La vente étant judiciaire, les livres ne seront repris, une fois
l'adjudication prononcée, pour aucune cause.

M. E. JEAN FONTAINE remplira les commissions des
personnes qui ne pourraient pas assister à la vente.

Paris. — Imprimerie de l'Art, E. Moreau et Cⁱᵉ, 41, rue de la Victoire

CATALOGUE

DE

LIVRES

---

1 — **Almanach**. Le Tableau de Paris, étrennes aux beautés parisiennes. 1790, in-16, front. et 12 figures finement coloriées, mar. rouge, riche dor., tr. dor.

2 — **Archives de la Comédie Française**. Registre de La Grange, 1658-1685, précédé d'une notice biographique. *Paris, Claye*, s. d. in-4°, mar. violet, dent. inter., tr. dor.

3 — **Aumale (le duc d')**. Histoire des princes de Condé pendant les xvie et xviie siècles. *Paris, Lévy*, 1863. 6 vol. in-8°, portr., d.-rel. mar. bleu, dos et coins. têtes dor., n. rog.

Exemplaire en grand papier de Hollande.

4 — **Balzac (H. de)**. Les Chouans, illustrations de Julien Le Blant, gravées sur bois par Léveillé. *Paris, Testard*, 1889, gr. in-8°, fig., mar. bleu, fil. dos orné, dent. inter., tr. dor.

Exemplaire sur papier de Chine fort.

5 — **Baudelaire (Charles)**. Œuvres complètes. *Paris, Lévy*, 1869. 7 v. in-12, d.-rel., chag. rouge, têtes dor., n. rog.

6 — **Besançon et la vallée du Doubs**. 25 eaux-fortes, par MM. Abraham et Coindre, texte par MM. X. Marmier, Fr. Wey, etc. *Besançon*, 1874, in-4°, fig., d.-rel. mar. rouge, dos et coins, tête dor., n. rog.

L'un des 50 exemplaires sur papier de Chine.

7 — **Boccace (Jean)**. Les Dix Journées, traduction de Le Maçon, avec notices, notes et glossaire, par Paul Lacroix, 11 eaux-fortes par Flameng. *Paris, Jouaust*, 1873. 4 vol. in-8°, fig. mar. brun, jans. dent. intér., têtes dor., n. rog.

L'un des 15 exemplaires sur grand papier de Chine.

8 — **Chévigné (le comte de)**. Les Contes rémois, dessins de E. Meissonier. *Paris, M. Lévy*, 1858, in-12, portr. et fig., d.-rel. mar. vert, dos et coins, tête dor., n. rog.

Premier tirage des illustrations de Meissonier.

9 — **Collection de petits classiques françois**, publiée par Ch. Nodier et Delangle. *Paris, Delangle*, 1825. 8 vol. in-12, d.-rel. veau fauve, dos et coins, têtes dor., n. rog.

10 — **Estampes de Moreau le Jeune** pour le Monument du Costume. *Paris, L. Conquet*, 1881, in-4°, portr. et 26 fig., texte gravé, en cart.

Épreuves en bistre.

11 — **Fénelon (M. de)**. Les Aventures de Télémaque, fils d'Ulysse. *Paris, Didot*, 1781. 4 vol. in-18, mar. bleu, fil., dos ornés, têtes dor., n. rog. *(David)*.

De la collection du comte d'Artois, papier fin.

12 — **Galerie historique des portraits des comédiens de la troupe de Molière**, gravés à l'eau-forte sur des documents authentiques, par Fred. Hillemacher. *Lyon, Scheuring*, 1869, in-8°, portr., d.-rel. mar. rouge, dos et coins, tête dor., n. rog.

13 — **Gautier (Judith)**. Poèmes de la Libellule, illustrés par Yamamoto. *Paris, Gillot*. S. d. in-4°, d.-rel. mar. vert, dos et coins, tête dor., n. rog.

> Exemplaire sur papier du Japon. Le maroquin des plats, dos et coins est orné de fleurs et d'insectes très bien peints

14 — **Goncourt (E. et J. de)**. Sophie Arnould, d'après sa correspondance et ses mémoires inédits. *Paris, Dentu*, 1877, in-8°, portr., d.-rel. mar. bleu, dos et coins, tête dor., n. rog.

15 — **Goncourt (E. et J. de)**. Histoire de Marie-Antoinette, édition ornée d'encadrements à chaque page, par Giacomelli, et de 12 planches hors texte, reproductions d'originaux du xviiie siècle. *Paris, Charpentier*, 1878, gr. in-8°, fig. d.-rel. mar. bleu, dos et coins, tête dor., n. rog.

16 — **Hamilton (Antoine)**. Mémoires du comte de Grammont, un portrait et 33 compositions de C. Delort, gravées à l'eau-forte par L. Boisson. *Paris, Conquet*, 1888. Gr. in-8°, fig., mar. bleu, fil. dent., compart dor. aux petits fers, dos orné, doublé de mar. rouge, dent. à petits fers, tr. dor. (*Cuzin*).

> L'un des exemplaires sur grand papier du Japon avec les figures en double état.

17 — **H.... (Edmond)**. **Le Sire de Chambly**. La légende des sexes, poèmes hystériques. *Bruxelles*, 1882, in-8° br. *(couv.)*.

> Édition originale, exemplaire avec un envoi de l'auteur.

18 — **Henriade (La)** travestie en vers burlesques. *La Haye, Aillaud*, 1746, in-12, mar. bleu, fil., coins et dos fleurdelisés. tr. dor. (*Hardy*).

19 — **Hugo (Victor)**. Ruy Blas, drame en 5 actes en vers. *Paris, Lévy*, 1872, in-12 d.-rel. chag. rouge.

> Exemplaire contenant un envoi et une lettre de Victor Hugo à Mme Léonide Leblanc.

20 — **La Fontaine**. Fables, avec un nouveau commentaire par Ch. Nodier. *Paris, Eymery*, 1818. 2 vol. in-8°, fig. de Bergeret, mar. rouge, dent., dos ornés, tr. dor.

21 — **La Fontaine (M. de)**. Contes et Nouvelles en vers, (édition publiée aux frais des fermiers généraux, avec une notice par Diderot), *à Amsterdam. (Paris, Barbou)*, 1762, 2 vol. in-8°, portr. de La Fontaine et d'Eisen, 80 figures dessinées par Eisen, 4 vignettes et 53 culs-de-lampe par Choffard, mar. citron, fil., dos ornés, doublés de mar. vert, large dentelle, dorure à petits fers, tr. dor. (*Chambolle-Duru.*)

22 — **Longus**. Les Amours pastorales de Daphnis et Chloé (traduites du grec par J. Amyot, avec un avertissement par Ant. Lancelot), 1718, s. l. (*Paris, Impr. de Quillau*), petit in-8°, 28 fig. gravées par Audran, d'après les dessins de Philippe, duc d'Orléans, mar. vert fil., dos orné, tr. dor.

> On y a ajouté la 29e planche : *Conclusion du Roman* gravée en 1728 par le comte de Caylus.

23 — **Manne (E. D. de)**. Galerie historique des comédiens de la troupe de Talma, avec des portraits gravés à l'eau-forte, par Fred. Hillemacher. *Lyon Scheuring*,

1866, in-8º, portr., d.-rel., mar. rouge, dos et coins,
tête dor., n. rog.

> Avec le supplément, exemplaire sur papier de Chine,
> même reliure.

24 — **Manne (E. D. de)**. Galerie historique des comédiens français de la troupe de Voltaire, gravés à l'eauforte par Henri Lefort. *Lyon, Scheuring,* 1877, in-8º, portr., d.-rel., mar. rouge, dos et coins, tête dor., n. rog.

25 — **Marguerite, reine de Navarre.** L'Heptameron des nouvelles, édition publiée par la Société des Bibliophiles françois. *Paris,* 1853, 3 vol. in-8º, portr., v. marb. fil., dos ornés, tr. dor.

26 — **Marot (Clément)**. Œuvres reveues et augmentées de nouveau. *La Haye, Adrian Moetjens,* 1700, 2 vol. petit in-12, cuir de Russie fil., tr. dor. (*Thouvenin.*)

> Bonne édition qui se joint à la collection des Elzéviers.

27 — **Mérimée.** 1572. Chronique du temps de Charles IX. *Paris, A. Mesnier,* 1829, in-8º, v. gris, fers à froid et dorés, dos orné.

> Édition originale.

28 — **Mérimée.** Théâtre de Clara Gazul, comédienne espagnole. *Paris, Fournier,* 1830, in-8º, d.-rel., v. bleu.

> Deuxième édition plus complète que la première.

29 — **Mérimée (Prosper)**. Lettres à une inconnue. *Paris, Lévy,* 1874, 2 vol. in-8º, d.-rel., mar. rouge, dos et coins, têtes dor. n. rog.

30 — **Molière.** Œuvres complètes avec des remarques

grammaticales, des avertissemens et des observations sur chaque pièce par M. Bret. *Paris, Libraires associés,* 1773, 6 vol. in-8°, portr., 6 fleurons et 33 fig. de Moreau, v. f. fil., tr. dor. *(Rel. anc.)*

Bel exemplaire très beau d'épreuves dans une excellente reliure.

31 — **Molière (Jean-Baptiste-Poquelin).** Théâtre, collationné sur les premières éditions et sur celles des années 1666, 1674 et 1682, orné de vignettes gravées à l'eau-forte par Fred. Hillemacher. *Lyon, Scheuring,* 1864, 8 vol in-8°, portr. et fig. d.-rel., mar. rouge, dos et coins, têtes dor., n. rog.

32 — **Monde dramatique (Le).** Revue des spectacles anciens et modernes. *Paris,* 1835-1839, 8 vol. gr. in-8°, front. de Célestin Nanteuil, nomb. fig. et portr., d.-rel., v. ébarb., n. rog.

33 — **Musset (Alfred de).** Œuvres complètes. *Paris, Charpentier,* 1867, 9 vol. in-12, d.-rel., cuir de Russie, dos et coins, têtes dor., n. rog.

34 — **Perrault (Charles).** Les Contes des fées en prose et en vers, édition revue et corrigée par M. Ch. Giraud. *Paris, Impr. impériale,* 1864, in-8°, portr. et fig., mar. rouge, dent., dos orné, dent. intér., tr. dor. *(Raparlier.)*

35 — **Prevost (L'abbé).** Suite des Mémoires et Aventures d'un homme de qualité (Histoire du chevalier des Grieux et de Manon Lescaut). *Amsterdam (Paris),* 1733, in-12, mar. rouge fil., dos orné, dent. intér., tr. dor. *(Chambolle-Duru.)*

36 — **Prevost (L'abbé).** Histoire de Manon Lescaut et

du chevalier des Grieux, édition illustrée par Tony Johannot. *Paris, Bourdin*, s. d., gr. in-8°, fig., d.-rel., mar. rouge, dos et coins, tête dor., ébarbé.

37 — **Prevost (L'abbé)**. Histoire de Manon Lescaut et du chevalier des Grieux, précédée d'une préface par Alexandre Dumas fils. *Paris, Glady*, 1875, in-8°, fig. à l'eau-forte par Léopold Flameng, mar. vert, fil. à la Du Seuil, dos orné, dent. intér., tr. dor.

38 — **Recueil** des meilleurs contes en vers par La Fontaine, Voltaire, Vergier, Senecé, Perrault, Moncrif, le P. Ducerceau, Grécourt, Autereau, Saint-Lambert, Champfort, Piron, Dorat, La Monnoye et Fr. de Neufchateau. *Londres (Paris, Caʒin)*, 1778, 4 vol. in-18, portr. et fig. de Duplessi-Bertaux, mar. rouge fil., dos ornés, tr. dor. (*Rel. anc.*)

39 — **Richepin (Jean)**. La Chanson des Gueux. *Paris, Lib. illustrée*, s. d., in-12, d.-rel., v. bleu.

> Édition originale, avec un envoi de M. J. Richepin à Mme Léonide Leblanc.

40 — **Ronsard (P. de)**. Œuvres complètes, édition publiée sur les textes les plus anciens avec les variantes et les notes par M. Prosper Blanchemain. *Paris, Jannet*, 1857, 8 vol. in-12, mar. brun fil., coins et milieu dor., dent. intér., tr. dor.

41 — **Saint-Pierre (Bernardin de)**. Paul et Virginie, suivi de la Chaumière indienne. *Paris, L. Janet.* s. d., in-12, fig. de Desenne, veau bleu, fers à froid et dorés, dos orné, tr. doré.

42 — **Saint-Simon (duc de)**. Mémoires complets et au-

thentiques sur le siècle de Louis XIV et la Régence. *Paris, Garnier*, 1853. 40 tomes en 20 vol. in-12, portr. demi-rel., veau.

43 — **Sand (Georges)**. La Mare au Diable, édition enrichie de 17 illustrations, composées et gravées à l'eau-forte, par Edmond Rudaux. *Paris, Quantin*, 1889, gr. in-8°, fig., mar. bleu, fil., dos orné, dent., intér., tr. dor.

> Exemplaire sur grand papier velin du Marais, avec les figures en triple état, eaux-fortes, épreuves avant la lettre, avec remarques, et avec la lettre.

44 — **Sand (Georges)**. Les Beaux Messieurs de Bois-Doré, illustrations d'Adrien Marie, gravées sur bois, par Brauer, Froment, Hamel, Meaulle, Rousseau et Thomas. *Paris, Testard*, 1892, 2 vol. gr. in-8°, fig., mar. vert, fil., dos ornés, dent. intér., têtes dor., non rognés.

> Exemplaire sur papier de Chine fort.

45 — **Sarcey (Francisque)**. Comédiens et Comédiennes. La Comédie Française, portraits d'artistes gravés à l'eau-forte, par Léon Gaucherel. *Paris, Jouaust*, 1876, gr. in-8°, port. en double état, avant et avec la lettre, mar. brun, mosaïque de mar. bleu, doublé de mar. bleu, dent., tr. dor.

46 — **Sardou (Victorien)**. Patrie, drame historique en cinq actes et huit tableaux, *Paris, M. Lévy*, 1869, in-8°, veau fauve, fil., dos orné, dent. intér., tr. doré. *(Petit.)*

> Édition originale, avec un envoi de Sardou à Mme Léonide Leblanc.

47 — **Shakespeare. (W.)**. Œuvres complètes, traduc-

tion de François-Victor Hugo. *Paris, Pagnerre,* 1865,
18 tomes en 9 volumes in-8°, demi-rel., chag. rouge

48 — **Soulié** (**Frédéric**). Le Lion amoureux, édition
illustrée de 19 vignettes dessinées par Sahib, gravées
par Nargeot. *Paris, Conquet,* 1882, in-18 br., em-
boîtage.

49 — **Sterne** (**L.**). Voyage sentimental en France et en
Italie, traduction nouvelle, par Alfred Hedouin,
6 eaux-fortes, par Edmond Hedouin. *Paris, Jouaust,*
1875, in-8°, fig., mar. br., fil., coins et milieu dor.,
dos orné, dent. intér., tr. doré.

Exemplaire sur papier de Hollande.

5o — **Theuriet** (**André**). Les Œillets de Kerlaz, édition
illustrée de 4 eaux-fortes de Rudaux et de 8 en-têtes et
culs-de-lampe de Giacomelli, gravées par De Mare.
Paris, Conquet, 1885, in-18, cart. toile, non rogné.

Couverture conservée.

51 — **Verlaine** (**Paul**). Fêtes galantes. — La Bonne
Chanson. *Paris, Lemerre,* 1869-1870, 2 vol. in-18,
demi-rel., mar. citron, dos et coins, têtes dor.,
non rognés.

Éditions originales.

52 — **Vie** (**La**) de François de Lorraine, duc de Guise
(par du Trousset de Valincourt) *Suivant la copie
imprimée à Paris (Hollande Elzevier),* 1681, pet. in-12,
mar. vert, tr. dor. (*Rel. anc.*)

53 — **Vigny** (**Alfred de**). Œuvres complètes, *Paris,
Lemerre,* 1884, 6 vol. in-12, demi-rel., mar. brun,
têtes dor., non rognés.

54 — **Voltaire**. La Henriade, nouvelle édition. *Paris,
veuve Duchesne*, 1770, 2 vol in-8°, titre gr., 10 fig. et
10 vignettes d'Eisen, veau marb., fil., tr. dor.

55 — **Voltaire**. Candide ou l'optimisme, illustrations de
Adrien Moreau. *Paris Bundet*, 1893, in-8° fig. br.

56 — **Voltaire**. Romans et contes. *Bouillon, Société ty-
pographique*. 1778, 3 vol. in-8°, portr. de Voltaire gr.
par Cathelin, et 57 figures par Marillier, Monnet et
Moreau. Mar. rouge fil. et fers à froid, dos ornés,
dent. intér., mors de mar., tr. dor.

57 — **Voltaire**. Romans. *Paris, P. Didot*, an VIII (1800)
3 vol. in-12, pap. vélin, màr. vert, fil. dos ornés, tr.
dor. (*Rel. molle, anc.*)

58 — Sous ce numéro, il sera vendu environ 1,200 volumes que le temps n'a pas permis de cataloguer, par-
mi lesquels : Dictionnaire de Littré, de Bouillet;
œuvres complètes d'Alexandre Dumas, 115 vol.;
Georges Sand, 87 vol.; Balzac, etc.

Un grand nombre de romans modernes, dont une grande
partie en éditions originales, avec envois des auteurs
à Mme Léonide Leblanc.

Une grande série de catalogues illustrés, Secrétan, Defoer,
etc.

ESTAMPES

59 — **Fragonard**, gravé par De Launay. Le petit prédi-
cateur. — Dites donc, s'il vous plait. 2 pièces in-4°
ovales en largeur, marges.

60 — **Moreau**, gravé par Gaucher. Couronnement de Voltaire, in-4° en largeur, petites marges.

> Belle épreuve, avec les armes et la dédicace à la marquise de Villette, et la devise *Belle et Bonne* (E. B. 261)

61 — **Flameng (Léopold)**, d'après **Rembrandt**. Ronde de nuit. Pièce aux cent florins. Leçon d'anatomie. Les Syndics. 4 pièces, pet. in-fol. en largeur, en premier état, avec la signature du graveur.

Estampes du XVIII° et du XIX° siècle.

MUSIQUE

Nombreuses partitions de musique, piano et chant, œuvres de Mozart, Meyerbeer, Verdi, Auber, Wagner, Gounod, Offenbach, Lecoq, Massenet, Bizet, Serpette, etc., quelques-unes avec *dédicaces*.

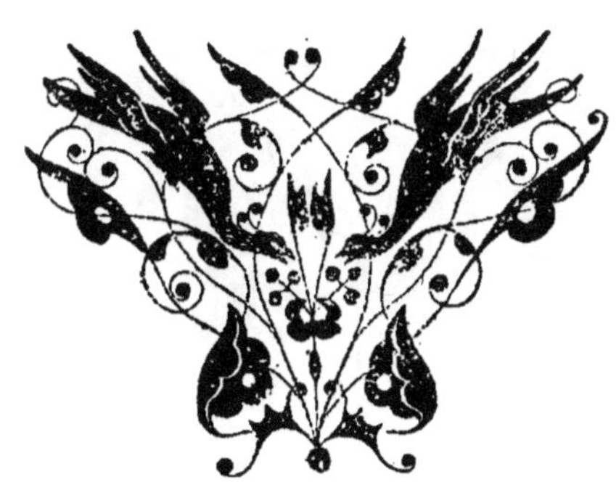